W0194398

Elisabeth Rathgeb

Kopfsalat mit Herz

Elisabeth Rathgeb

Kopfsalat mit Herz

Eine spirituelle Entdeckungsreise durch den Garten

Tyrolia-Verlag · Innsbruck-Wien

Inhalt

Gott in allen Dingen finden

Ich grabe Löcher in den Boden und pflanze die Dahlienknollen ein. Die alten Wurzeln sind groß und schwer. Die Sonne hat schon Kraft, und der Schweiß rinnt mir ins Gesicht. Am Gartenzaun steht meine kleine Nachbarin und schaut mir eine Weile zu. Dann fragt sie ganz ernst: „Warum tust du das?"

Ich muss lachen. Gute Frage: Warum tue ich das?

Weil ich möchte, dass hier Blumen blühen.

Weil ich mich daran freuen kann.

Und vielleicht auch alle, die hier vorbeigehen.

Sie ist zufrieden.

Es gibt noch viele Gründe, von denen ich ihr nichts erzähle: Die Dahlien erinnern mich an meine Mutter. Von ihr habe ich sie geerbt und mit ihnen auch den Garten, den sie viele Jahrzehnte gepflegt hat.

Im Garten wachsen auch Gemüse, Beeren und Kräuter, weil nichts besser schmeckt als frisch Geerntetes aus dem eigenen Anbau direkt vor der Haustür. Ohne Transportwege, regional und bio. Ein kleiner Beitrag gegen Klimawandel und Bodenversiegelung und für die Artenvielfalt. Auch wenn das Unkraut oder Beikraut besser ge deiht als mir lieb ist, die Blattläuse explodieren und die Schnecken Feste feiern.

Der Garten gibt mir Boden unter den Füßen, hier fühle ich mich geerdet, verwurzelt und daheim. Er ist für mich ein Ort der Ruhe in einer oft lauten und hektischen Welt.

Hier spüre ich hautnah den Rhythmus des Lebens – eingebettet in den Kreislauf der Jahreszeiten: säen, keimen, wachsen, reifen, ernten, sterben, ruhen.

Im Garten fühle ich mich im Einklang mit der Natur als Teil eines größeren Ganzen – dem Geheimnis des Lebens ganz nahe.

Der Garten ist auch eine „Sehschule" für mich: Ich lerne die kleinen Dinge schätzen, achtsam und aufmerksam.

Er ist ein Ort des Staunens, der Überraschungen und der Hoffnung.

Manchmal brauche ich den Garten auch als Ort des Trostes.

Und nicht zuletzt ist er ein Ort der Dankbarkeit für die Wunder der Natur.

An diesen Schnittstellen beginnt die tiefere, höhere und weitere Dimension des Gartens: der Ort, wo sich Himmel und Erde begegnen. Das Geheimnis der Schöpfung und unseres Lebens – dieses Größere, das alles trägt, wird hier hautnah erfahrbar: „Laudato si', gelobt seist du, mein Herr", singt der heilige Franziskus im „Sonnengesang".

Und sein Namensvetter Papst Franziskus widmet ihm die gleichnamige Enzyklika über die Sorge um unser gemeinsames Haus, Schwester und Mutter Erde.

„Gott in allen Dingen finden" – der heilige Ignatius von Loyola, Gründer der Jesuiten, war überzeugt, dass das möglich ist.

Die heilige Teresa von Ávila hat es einmal so formuliert: „Gott ist ein guter Freund, der jederzeit zu sprechen ist." Als sich ihre Mitschwestern beschwerten, dass sie zum Kochen eingeteilt waren und daher zu wenig Zeit für das Gebet hatten, meinte sie: „Inmitten der Kochtöpfe ist der Herr zugegen."

Also gilt das sicher auch für den Garten.

Der Garten als Ort spiritueller Erfahrungsmöglichkeiten. Auf diese Entdeckungsreise möchte ich Sie gerne einladen.

Schneeglöckchen
mit Aussicht

Wenn im Jänner der Garten unter einer weißen Schneedecke liegt und das Thermometer frostige Minusgrade zeigt, halte ich Ausschau nach den ersten Frühlingsboten. Ich erwarte sie sehnsüchtig, denn die Tage sind kurz und die Nächte lang. Zaghaft wird die Sonne kräftiger.

Und dann ist es endlich soweit: Unter der alten Buchenhecke sprießen die ersten grünen Spitzen der Schneeglöckchen aus dem Boden. Bald werden auch die zarten weißen Blütenköpfchen sichtbar – noch in Miniaturformat, aber sie sind da.

Es ist jedes Jahr wieder ein kleines Wunder – in Schnee und Eis wächst etwas Neues.

Die Schneeglöckchen lassen sich auch nicht unterkriegen: Wenn heftige Schneefälle die Blüten einhüllen oder gar unter sich begraben, tauchen sie wieder auf, sobald der Schnee schmilzt. Manchmal liegen sie flach und niedergedrückt am Boden, aber sie richten sich rasch auf. Auch intensiver Frost kann ihnen nichts anhaben. Sie blühen trotzdem.

Gerade am Jahresanfang hat das Schneeglöckchen für mich eine starke symbolische Kraft: Es steht für einen mutigen Neuanfang, für Hoffnung und Widerstand, für Lebenskraft und Ausdauer. Und auch für erfrischende Neugier, Aufbruch, Leichtigkeit, Freude und Schönheit.

Der Prophet Jesaja kommt mir in den Sinn, die Stelle, in der Gott sagt: „Siehe, nun mache ich etwas Neues. Schon sprießt es, merkt ihr es nicht?" (Jes 43,19)

Früher habe ich sie oft übersehen, die ersten Frühlingsboten in unserem Garten. Ich bin gar nicht auf die Idee gekommen, schon im Schneegestöber nachzuschauen, ob da vielleicht etwas wächst – geschweige denn blüht.

Und so ist es vielleicht auch in winterlichen Zeiten im Leben, die sich nach Stillstand, Kälte und Unsicherheit anfühlen: Das Neue ist schon da, es wächst bereits. Auch wenn es noch unter einer dicken Schneedecke verborgen liegt. Das Vertrauen darauf, dass es sich zeigen wird, hilft mir in solchen Zeiten des Übergangs. Es verkürzt sie zwar nicht und nimmt ihnen nichts von ihrer Schwere. Aber es stärkt und gibt Kraft, die Wartezeit zu überbrücken.

Zugleich schärft es die Aufmerksamkeit und macht wach:

> Was will jetzt wachsen?
> Was gilt es zu entdecken?
> Wofür ist die Zeit reif in meinem Leben?
> Was will zum Blühen kommen?

Beim Propheten Jesaja ist klar: Das Neue kommt von Gott. Ich muss es nicht machen. Die Aufmerksamkeit genügt, es nicht zu übersehen, wenn es zum Vorschein kommt.

ZUR MEDITATION

„Siehe, nun mache ich etwas Neues.
Schon sprießt es,
merkt ihr es nicht?"

Jes 43,19

Tulpen

~

Alles beginnt
mit der Sehnsucht

In unserem Garten gibt es seit vielen Jahrzehnten eine leuchtend-rote Tulpe: Immer, wenn sie blüht, erinnere ich mich an den Moment, als wir Kinder im Gartenkatalog Tulpen aussuchen und bestellen durften. Ein Päckchen aus Holland! Das war damals etwas ganz Besonderes. Noch heute kann ich stundenlang in Gartenkatalogen blättern oder im Gartencenter vor den Tulpenzwiebel-Regalen stehen und mir ausmalen, wo die eine oder andere Sorte im Garten ihre Pracht entfalten könnte. Seit ich die Zwiebeln im Herbst im „Schichten-Modell" setze, ist wieder mehr Platz: tief in die Erde Narzissen, darüber Tulpen und in die oberste Schicht Krokusse. So blüht es lange und vielfältig: „Rotkäppchen" und kleine gelb-weiße Wildtulpen, langstielige cremefarbig und gefüllt, in den Tiroler Landesfarben rot-weiß gestreifte und dunkelviolette …

Die Sehnsucht nach Farbe im Frühling motiviert mich jedes Jahr, ein paar neue Tulpen zu pflanzen. Denn manche fallen aus oder der Maus zum Opfer.

„Alles beginnt mit der Sehnsucht", sagt die Dichterin Nelly Sachs. Und meint damit natürlich die großen Fragen des Lebens. Oft ist es gar nicht so einfach, den eigenen Sehnsüchten auf die Spur zu kommen: Manche schlummern gut verborgen in unserem Inneren wie in einer Tulpenzwiebel.

Deshalb rät der heilige Ignatius von Loyola am Beginn seiner geistlichen Übungen, den Exerzitien: „Erbitte von Gott, was du ersehnst."

> Was ersehne ich gerade?
> Gibt es eine tiefe, stille Sehnsucht in mir?
> Oder eine scheinbar unerfüllbare, die ich schon abgeschrieben habe, die sich aber immer wieder leise zu Wort meldet?

Jetzt gilt es gut zu unterscheiden, ob es eine hilfreiche und lebensfördernde Sehnsucht ist oder eine gefährliche und zerstörerische.

So wie es auch bei den Tulpen um 1640 in Amsterdam eine fast schwarze Tulpe gab, deren Zauber viele verfallen waren. An der Börse stieg der Preis für eine Zwiebel auf den Wert mehrerer Häuser. Und dann kam der „Tulpen-Crash": Innerhalb weniger Stunden verlor die schwarze Tulpe ihren Reiz. Viele Händler, die alles auf diese Karte gesetzt hatten, gingen bankrott.

Wie aber weiß ich, wohin mich meine Sehnsucht führt?

Der heilige Ignatius hat dafür eine Art Radar entwickelt, das er „die Unterscheidung der Geister" nennt.

Er meint damit ein Sensorium, einen „Seismographen" der Gefühle: Wir können in unserem Inneren spüren, ob die Richtung stimmt. Dann breiten sich Ruhe und ein Gefühl von Frieden aus. Er nennt es auch „Trost".

Oder das Gegenteil ist der Fall: Dann machen sich Unruhe und Unbehagen breit.

Mit ein bisschen Übung bekommt man so eine gute Orientierung, ob eine Entscheidung in die richtige Richtung geht und tragfähig ist.

Dann führt die motivierende Kraft der Sehnsucht nicht in die Irre, sondern in ein Leben in Fülle: Erbitte von Gott, was du ersehnst.

ZUR MEDITATION

„Alles beginnt
mit der Sehnsucht."
Nelly Sachs

Karotten, Zwiebeln und Radieschen

~

Drei, die sich mögen

Karotten, Radieschen und Zwiebeln kommen immer gemeinsam ins Beet: Sie mögen sich und helfen sich gegenseitig. Die Zwiebeln vertreiben die Möhrenfliege. Und die Radieschen keimen schnell und schützen so als „Markierungssaat" die Karotten, die eher frühjahrsmüde sind und länger brauchen, bis sie sich ans Tageslicht kämpfen.

Bevor es aber endlich soweit ist, dass Samen und Steckzwiebeln in die Erde können, bereite ich die Beete vor.

Wenn die März-Sonne die letzten Schneeflecken wegschmilzt und den Boden trocknet, geht es los: Ich arbeite vorsichtig die Mulchschicht ein, entferne liegengebliebene Blätter der winterlichen Ernte von Sprossenkohl, Zuckerhut, Chinakohl und Endivien und lockere dann behutsam mit der Grabgabel den Boden. Ich liebe den Geruch nach Frühling, den die frische Erde verströmt. Und während ich hier arbeite, das erste Unkraut (oder Beikraut) ausreiße und den einen oder anderen Regenwurm in Sicherheit bringe, fühle ich mich im besten Sinn des

Wortes „geerdet". Der Humus bringt mir Bodenhaftung. Und es steckt noch viel mehr in ihm: human und homo – der Mensch. Während ich in der Erde grabe, fällt mir die biblische Erzählung von der Erschaffung des Menschen ein: „Da formte Gott, der HERR, den Menschen, Staub vom Erdboden und blies in seine Nase den Lebensatem." (Gen 2,7)

Hier ist die Rede von Adam (der Mensch) und adamah (die Erde). Beide sind schon sprachlich eng miteinander verbunden. Man könnte es einfach übersetzen: „Wir Menschen sind Söhne/Töchter der fruchtbaren Erde. Alles ist mit allem verbunden. Und wir sind ein Teil davon."

Der heilige Franz von Assisi hat es poetisch ausgedrückt: „Mutter Erde ist unsere Schwester." Und Papst Franziskus schließt sich ihm an, wenn er meint: „Die Erde, unser gemeinsames Haus, ist wie eine Schwester, mit der wir das Leben teilen, und wie eine Mutter, die uns in die Arme schließt." (Laudato si')

Während ich die Beete vorbereite und die Wege dazwischen anlege, kommt mir noch die zweite Bedeutung von „humilitas" in den Sinn: Sie heißt nicht nur Bodenhaftung, sondern auch Demut. Und davon brauchen wir wohl mehr im Umgang mit unserer Erde, wenn wir uns und ihr eine Zukunft geben wollen.

In der Zwischenzeit ist die Sonne hinter unserem Hausberg verschwunden. Die Luft ist kühl, denn in der Höhe liegt noch viel Schnee. Aber ich will unbedingt noch die Samen in den Boden bringen: Der Schal muss her, sonst droht ein Hexenschuss. Und den kann ich nun wirklich nicht gebrauchen.

Ich stecke in aller Ruhe die kleinen Zwiebelchen in den Boden – jedes Jahr wieder ein Genuss. Die Karottensamen sind sehr fein, die Radieschensamen größer und rundlicher: Ich lege sie in weiteren Abständen in die Karottenzeilen und bedecke sie vorsichtig mit Erde. Dann schütze ich das ganze Beet mit einem feinen Vlies gegen Nachtfröste, die sicher noch kommen werden. Schon bald werden die Zwiebeln die ersten grünen Triebe zeigen. Und die Keimblätter der Radieschen aus dem Boden auftauchen. Täglich ein Grund zur Freude. Das Wunder des Lebens beginnt von neuem. Und ich bin ein Teil davon. Nicht mehr und nicht weniger.

ZUR MEDITATION

„Gelobt seist du, mein Herr,
durch unsere Schwester, Mutter Erde,
die uns erhält und lenkt
und vielfältige Früchte hervorbringt
und bunte Blumen und Kräuter."

Aus dem Sonnengesang
des heiligen Franz von Assisi

Narzissen
alias Osterglocken

~

Ostern ist nicht gestern

Letztes Jahr haben mir meine Arbeitskolleginnen und -kollegen einen ganzen Korb voller Narzissenzwiebeln geschenkt: großblütige Sorten und ganz winzige in strahlendem Gelb, kleine in zartem Weiß, gefüllte in Creme- und Orange-Tönen. Eine wahre Farbenpracht schon auf den Bildern der Verpackungen. Ich habe sie in kleinen und größeren Gruppen im Garten verteilt platziert: Die einen an den sonnigsten Stellen, die anderen an solchen, die im Frühling noch länger im Schatten liegen. Und der Plan hat funktioniert: Über viele Wochen rund um Ostern haben die Narzissen geblüht und leuchtende Farben in den Garten gemalt. Als Zugabe verströmen sie auch einen herrlichen Duft – der Inbegriff von Frühling für mich.

Die Narzisse kann nichts dafür, dass sich in ihrem Namen der Mythos vom selbstverliebten Jüngling Narziss verewigt, der sich an seinem Spiegelbild im Wasser nicht satt sehen kann – so lange, bis er schließlich hineinfällt und ertrinkt. Der erste Narzisst, aber nicht der letzte auf der Welt! Ein bisschen haben mich die geknickten Blütenköpfe einiger gefüllter Sorten daran erinnert: Manchen ist ob der überreichen Blütenfülle der Kopf zu schwer geworden für den zarten Stängel, und sie sind geknickt. So habe ich sie abschneiden müssen und in einer Vase als Tischdekoration für den Ostertisch verwendet.

Denn das ist ihre eigentliche Bestimmung: Sie läuten Ostern ein, die Narzissen oder Osterglocken, wie sie auch noch heißen.

Ihr Erscheinen nach der kalten, frostigen Winterzeit ist wie ein Wunder des Lebens und damit das perfekte Sinnbild für die Auferstehung: Wie die Zwiebel in der dunklen Erde ruht und nach dieser winterlich-tödlichen Zeit zu neuem Leben aufblüht, symbolisiert sie etwas vom Ostergeheimnis, an das sich Christinnen und Christen jährlich neu erinnern. Leben, Leiden, Tod und Auferstehung Jesu gehören untrennbar zusammen. Der Karsamstag, der Tag der Grabesruhe Jesu, ist die Voraussetzung für die Auferstehung am Ostersonntag. Und das Wichtigste an dieser Botschaft für uns heute, zumindest für mich: Der Tod hat nicht das letzte Wort. Am Ende siegen das Leben und die Liebe.

Die Liebe ist stärker als der Tod. In ihr bleiben wir verbunden, auch wenn unsere Lieben in einer neuen Dimension leben in der anderen Welt.

Deshalb hat die Osterbotschaft für mich eine ungeheure Kraft. Hier und jetzt und heute. Ein Satz bringt es auf den Punkt. Mein leider schon verstorbener Nachbar Gustav Sonnewend hat ihn als Graffiti entdeckt und auf

einer seiner Fotografien verewigt: „Ostern ist nicht gestern."

ZUR MEDITATION

„Ostern ist nicht gestern."

Erdholler/Giersch

~

Alptraum oder
Wurzelwunder?

Ich hasse Erdholler, auch bekannt als Giersch oder Hirschlaub. Tagelang habe ich versucht, das Staudenbeet zurückzuerobern, das er überwuchert hat: Seine Triebe wachsen ungeniert durch die Pfingstrosenwurzeln, sie bringen die Herbstanemonen und die Kugeldisteln in Bedrängnis und vertreiben den Phlox. Respektlos, hartnäckig und ausufernd in alle Richtungen. Sogar meine Barrieren aus Randsteinen und Lärchenbrettern hat er unterwandert, um frisch-fröhlich in den Dahlien aufzutauchen. Auch die Mulchfolie hat nichts genützt: Dort überlebt er ohne Licht schon seit zwei Jahren.

Wohlmeinende Bekannte raten mir, ihn doch einfach zu verspeisen: Gekocht wie Spinat sei er hervorragend. Aber ich will ihn loshaben. Möglichst ohne Gift.

Denn das Staudenbeet grenzt an den Garten. Und dort darf er auf keinen Fall sein Unwesen treiben.

So versuche ich, die Wurzeln möglichst gründlich auszureißen – wohlwissend, dass jedes einzelne kleine Stückchen, das im Boden bleibt, wieder austreibt. Eine

Sisyphos-Arbeit! Ein Alptraum! Ich grabe und folge mit detektivischem Spürsinn jeder Wurzel und staune, welche Zahl an Ausläufern zutage kommt. Und ich gestehe: Ich staune nicht nur, ich fluche auch. Leider hilft Verfluchen nicht. Erdholler-Giersch-Hirschlaub sind immer noch da. Und so ringt mir das Gewächs mit der Zeit widerwillig Bewunderung ab: Je länger, desto mehr.

Solche Wurzeln müsste man haben! So ein Netzwerk! So eine unbändige Kraft!

Und unweigerlich denke ich über meine eigenen Wurzeln nach:

> Aus welchen Wurzeln lebe ich?
> Was trägt mein Leben?
> Welche Wurzeln sind stark?
> Und welche noch zart und ausbaufähig?
> Welche möchte ich lieber ausreißen?
> Und welche gilt es erst zu entdecken?
> Wo hat sich etwas in meinem Leben verselbständigt und wohin führt das?
> Wo ist etwas nur oberflächlich verwurzelt in meinem Leben?
> Und was ist mein Wurzelgrund, mein Netzwerk?

Im Brief des Apostels Paulus geht es zwar nicht um den Erdholler, aber auch um die Frage nach den Wurzeln. Und Paulus gibt zu bedenken: „Nicht du trägst die Wurzel, sondern die Wurzel trägt dich." (Röm 11,18)

„Nicht du trägst die Wurzel,
sondern die Wurzel trägt dich."

Röm 11,18

Löwenzahn
mit Rettungsschirm

Die Maus ist tot. Sie liegt auf dem Kiesweg. Überfahren, also wörtlich mausetot. Ein Verkehrsunfall? Hier fährt niemand schnell, und Mäuse sind flink. Vermutlich ist sie schon vorher Nachbars Katze zum Opfer gefallen, die ich erst neulich mit einer Maus-Kollegin im Maul den Weg entlang traben gesehen habe.

Vorsichtig hebe ich die Maus auf die kleine Gartenschaufel und bette sie unter den Phlox. Ich schätze es nicht, wenn die Mäuse im Garten die Karotten anknabbern, trotzdem tut sie mir leid.

Während es für die Maus nur noch „letzte Hilfe" gibt, hat der Löwenzahn unmittelbar daneben auf dem Weg trotz Reifenspuren gut überlebt: Die platten Blätter haben schon wieder Farbe, und neues Grün sprießt heraus.

Ich staune über die Widerstandskraft des Löwenzahnes: Er bohrt sich aus Betonritzen und Asphaltsprüngen. Er nützt die schmale Ritze zwischen Gartenmauer und Straßenbelag und treibt riesige Blätter. Er klammert sich in winzigen Lücken an steilen Steinmauern fest. Und er hat kein Problem, auf dem Kiesweg zu wachsen und zu blühen. Hier will ich ihn nicht haben, und so versuche ich immer wieder halbherzig, ihn auszugraben. Das ist

Schwerarbeit: Die Pfahlwurzeln bohren sich tief in den Boden und schaffen es so, auch noch an unwirtlichen Orten an Wasser zu kommen.

Dafür darf der Löwenzahn im Rasen wachsen und blühen, damit die Bienen Nahrung haben. Hier freue ich mich über die strahlend gelben Blüten, die in der Sonne leuchten. Geht sie unter, sind die Blüten schnell zusammengefaltet wie ein Sonnenschirm.

Wenn der Löwenzahn verblüht, kommt das Beste: Die Blüte verwandelt sich in eine Samenkugel. Und jeder Samen hat einen Rettungsschirm.

Das fasziniert mich am meisten: Gestern noch eine strahlend gelbe Blüte und heute ein flauschiger Samenball. Beim leichtesten Windstoß fliegen die kleinen Fallschirmchen elegant davon und tanzen in der Luft. Leider landen manche im Garten, und dort soll die neue Löwenzahn-Generation lieber nicht Fuß fassen. Eben ein zwiespältiges Verhältnis, der Löwenzahn und ich.

Als Kinder haben wir die „Pusteblumen" in die Luft geblasen und beobachtet, wie weit sie fliegen. Der verblühte Löwenzahn sorgt für sein Fortkommen. Das Verblühen ist sogar die Voraussetzung, dass er weiterleben kann.

Wie das Weizenkorn, das in die Erde fällt und stirbt, bevor es zu neuem Leben erwacht.

Vermutlich hat der Dichter Friedrich Hölderlin nicht den Löwenzahn gemeint, als er schrieb: „Wo Gefahr ist, wächst das Rettende auch." Eher eine tiefe Lebenserfahrung, dass in schweren Zeiten nicht nur Not und Gefahr, sondern auch die unterstützenden und helfenden Kräfte wachsen. Danach halte ich in solchen Situationen Ausschau. Manchmal braucht es etwas Geduld.

Aber siehe da: Sie kommen. Die Zeichen der Aufmerksamkeit, des Mitdenkens und Mitfühlens, des Trostes, der Ermutigung, der Stärkung. Die kleinen und großen Rettungsschirme in Form einer Mail-Nachricht oder eines Anrufes, einer Blume, einer Einladung zum Kaffee, zum Essen, ins Konzert oder eine Ausstellung. Ein Geschenk in der Post gerade an einem Tag, wo alles düster ausschaut. Eine schöne Karte, ein Brief, ein Buch, ein Bild. Oder ein witziger Cartoon, der einen zum Lachen bringt.

Ich nehme den verblühten Löwenzahn und blase die Samen-Schirmchen in die Luft: Jedes ein Symbol für einen konkreten kleinen Rettungsschirm, den jemand für mich aufgespannt hat, als es dringend notwendig war.

ZUR MEDITATION

„Wo Gefahr ist,
wächst das Rettende auch."

Friedrich Hölderlin

Rhabarber

~

Alles hat seine Zeit

Ich liebe den Rhabarber: Dieses Gemüse, das wie Obst verwendet wird.

In Kombination mit einem Stängel Zimt, ein paar Gewürznelken, Zitronenschale und einer guten Portion Zucker gibt es ein herrlich erfrischendes Kompott. Und sonst Saft oder Kuchen.

Die beiden Rhabarberstauden im Garten sind schon 50 Jahre alt. Vor einiger Zeit haben wir sie zum ersten Mal versetzt, und mit Erstaunen habe ich ihre mächtigen Wurzelstöcke entdeckt. Nach diesem Intermezzo wächst der Rhabarber wieder in alter Pracht. Mit seinem Blätterdach im Durchmesser von 2,5 Metern hat er schon das halbe benachbarte Beet bedeckt.

Im Frühling, wenn am Morgen der Raureif noch das Gras bedeckt, bohren zeitig die ersten roten Blattknospen aus der Erde. Sie schauen beinahe außerirdisch aus. Schon so mancher Nachbar hat bei ihrem Anblick über den Zaun irritiert gefragt: Was ist denn das?

Anfang Mai lassen sich dann die ersten Stängel ernten, die ich vorsichtig aus der Wurzel ziehe. Aber nach Johannis am 24. Juni ist Schluss mit Rhabarber. Danach soll man ihn nicht mehr genießen, weil er viel Oxalsäure bildet.

So hat die Pflanze auch Zeit, sich zu regenerieren und wieder Kraft zu sammeln: Der Rhabarber bekommt kein Burn-out.

Faszinierend finde ich im Herbst, wie effizient sich Rhabarber in den Boden zurückzieht: Nach einigen Frösten bedecken nur noch ein paar gelbe Blätter den Boden. Und bald sind sie ganz von der Bildfläche verschwunden. Der Rhabarber begibt sich in den Winterschlaf.

Der Rhabarber ist ein Meister des Rückzugs. In der Stille des Winters sammelt er neue Kraft. Im Frühling explodiert er geradezu und beschert bald eine reiche Ernte. Danach kommen wieder Reifezeit und Rückzug.

Diese Klarheit im Lebensrhythmus imponiert mir am Rhabarber.

Und gibt mir immer wieder neu zu denken:

> Wie schaut es mit meinen Rückzugszeiten aus?

> Wo sammle ich Kraft und tanke auf?

> Lebe ich mit oder gegen meinen Lebensrhythmus?

> Und was ist hier und heute wichtig – im aktuellen Augenblick?

Schon Kohelet, ein Prophet im Alten Testament, hat diese urmenschliche Lebenserfahrung in berührende Worte gefasst: „Alles hat seine Stunde. Für jedes Geschehen unter dem Himmel gibt es eine bestimmte Zeit." (Koh 3,1)

ZUR MEDITATION

„Alles hat seine Stunde.

Für jedes Geschehen unter dem Himmel

gibt es eine bestimmte Zeit:

eine Zeit zum Gebären und eine Zeit zum Sterben,

eine Zeit zum Pflanzen

und eine Zeit zum Ausreißen der Pflanzen …

Überdies hat er (Gott) die Ewigkeit

in ihr Herz hineingelegt.“

Koh 3,1–2.11

Kopfsalat mit Herz

Immer wenn ich Kopfsalat-Pflänzchen setze, erinnere ich mich mit einem Schmunzeln an meine Gartenbau-Lehrerin. Der Garten war ihre große Leidenschaft. Und ihre Sprüche legendär: „Wer oder was ist schuld, wenn der Salat keinen Kopf macht? Die dumme Urschel, die ihn zu tief gepflanzt hat."

Wir waren nur Mädchen in der Klasse, daher war dieser Satz kein Gender-Verstoß. Trotzdem könnte man nach heutigen pädagogischen Maßstäben dafür verklagt werden. Aber sein methodisches Ziel hat er erreicht: Ich denke nach 35 Jahren noch daran und setze den Kopfsalat so, dass das Wurzelbällchen ein bisschen aus dem Boden schaut. So habe ich immer Kopfsalat mit Kopf. Und keinen, der kopflos in die Höhe schießt und bitter wird. Vorausgesetzt, Schnecken und Vögel fressen ihn nicht vorher ab.

Das Beste am Kopfsalat ist das Herz: Die innersten Blätter, die gelb und zart und trotzdem knackig sind.

Ein Kopf mit Herz – das ist ein wunderbares Bild: Da gehen Herz und Verstand Hand in Hand. Wenn es nicht gerade eine dumme Urschel oder ein dummer Hansl ist. Vom Salatbeet aus fällt mein Blick auf die Nordkette. Hinter dem letzten Berg verborgen ragt eine Felsnadel in die

Höhe: Frau Hitt. Der Sage nach hat sie Kindern Steine gegeben, die um Brot gebettelt haben. Dafür steht sie jetzt versteinert am Grat der Nordkette hoch über Innsbruck: der Inbegriff für ein kaltes Herz, ein Herz aus Stein.

Kaltherzig oder warmherzig?

Kopflos oder kopflastig?

Das richtige Verhältnis zwischen Kopf und Herz, zwischen Verstand und Herz hat schon König Salomo im Alten Testament beschäftigt. Er bittet Gott: „Gib mir ein hörendes Herz!"

> Ein „hörendes Herz" ist ein weises, aufmerksames, achtsames Herz.

> Ein lebendiges, warmes Herz am Puls des Lebens.

> Ein kräftiges und starkes Herz.

> Ein Mensch mit einem solchen Herzen kann gute Entscheidungen treffen.

> Und beherzt handeln, leben, lieben.

Ich wünsche mir und Ihnen ein hörendes Herz.

ZUR MEDITATION

„Gib mir ein hörendes Herz!"

Nach 1 Kön 3,9

Tomaten im Sturm

Rund um den Weltfrauentag am 8. März säe ich jedes Jahr die Tomaten.

Sie keimen paarweise in kleinen Joghurtbechern am Fensterbrett im Wohnzimmer. Denn erstens mögen sie es warm, und zweitens habe ich sie gut im Blick: Schon nach wenigen Tagen treiben die ersten grünen Spitzen aus der Erde und entfalten rasch die kleinen gezackten Tomaten-Blätter. Ich liebe es, den Tomaten beim Wachsen zuzusehen und ihre täglichen Fortschritte zu beobachten. Sobald sie gut bewurzelt sind, kommen sie in Blumentöpfe und übersiedeln nach einigen Wochen auf den Balkon: gut geschützt mit Vlies, denn vor den „Eismännern" Mitte Mai ist es sonst viel zu riskant für Tomaten im Freien im Tiroler Mittelgebirge.

Anfang Mai pflanze ich sie in große Kübel. Jede Tomate erhält einen Stab als Stütze. Heuer habe ich zwar den Stab hineingesteckt, aber versäumt, die Tomaten daran aufzubinden. Sie wirkten so stabil und standfest, dass ich dachte, es wäre noch genügend Zeit dafür. Und dann ist es passiert: Der erste große Gewittersturm hat sie vor meinen Augen blitzschnell umgeworfen. Ich habe die schweren Kübel gepackt und vom Balkon in ein Zimmer evakuiert: ein Zimmer voller Tomatenstauden.

Zum Glück waren sie noch biegsam und beweglich, keine ist abgebrochen.

Behutsam richte ich sie wieder auf und mache sie vorsichtig fest am Stütz-Stab. Dabei kommt mir ein Psalm in den Sinn: „Du bist bei mir, dein Stock und dein Stab geben mir Zuversicht."

Wie leicht passiert es auch in unserem Leben, dass uns etwas aus der Bahn wirft?

Ein unvorhersehbares Ereignis, ein Unfall, eine plötzliche Krankheit bricht wie ein Sturm über unser Leben herein und ändert von einer Sekunde auf die andere alles. Gerade noch war alles stabil und im Lot. Und im nächsten Moment ist alles anders.

In solchen Situationen tut es gut, einen Haltegriff zu haben. Einen Stock, auf den man sich stützen kann. Einen Stab, der Orientierung gibt.

> Wer sind meine Stützen im Leben?
> Wo finde ich Halt in stürmischen Zeiten?
> Woran mache ich mich fest?
> Was gibt mir Zuversicht?
> Wo finde ich Trost?

Ich habe viel Zeit zum Nachdenken, bis meine 17 Tomaten wieder stabil und aufrecht stehen – jede gestützt durch einen Stab und gut gerüstet für den nächsten Sturm.

DER GUTE HIRT

„Auch wenn ich gehe im finsteren Tal, ich fürchte kein Unheil; denn du bist bei mir, dein Stock und dein Stab, sie trösten mich."

Ps 23,4

Holunderblüten
mit Überraschungsei

Hinter dem Haus ist eine Hollerstaude von selber aufgegangen. Ich habe sie wachsen lassen, weil die Bienen ihre Blüten und die Vögel die schwarzen Holunder-Beeren im Herbst lieben. (Und ich zu bequem war, sie auszureißen, als sie noch klein war.)

Heute habe ich zum ersten Mal Blüten für den Hollersirup gepflückt – 30 Stück für 3 Liter Wasser, 3 Zitronen, 3 kg Zucker und 8 dag Zitronensäure, einfach zu merken. Die Bienen summten aufgeregt herum, nicht erfreut über diese Störung. Als ich vorsichtig eine besonders schöne Blütendolde hoch über meinem Kopf abbrechen will, halte ich plötzlich ein winziges Vogelnest in der Hand: Ein kleines, weißes Ei liegt auf einem weichen Polster aus einem Stück rosa Wollfaden, etwas Moos und einigen feinen Fellhaaren. Das kleine Ei hat ein winziges Loch – irgendetwas muss schiefgegangen sein im Holunderblüten-Nest, in dem die Vögel des Himmels nisten wollten.

Die Vögel des Himmels – diese Formulierung hat mir immer schon gefallen.

Allerdings gehört sie ins Gleichnis vom Senfkorn, dem kleinsten Samenkorn, das man zur Zeit Jesu in die Erde säte: „Ist es aber gesät, dann geht es auf und wird größer als alle anderen Gewächse und treibt große Zweige, so dass in seinem Schatten die Vögel des Himmels nisten können." (Mk 4,32)

So beschreibt Jesus das Wachsen des Reiches Gottes – jener neuen Lebenswirklichkeit, für die er Botschafter und Wegbereiter ist. Einer, der vorlebt, wie es sein könnte, wenn die Liebe das erste und das letzte Wort hat.

Die Liebe, die das Leben der Menschen radikal verändert. Die Not wendet. Und am Ende auch stärker ist als der Tod.

Weil Gott diese Liebe ist. Oder umgekehrt.

So ganz genau haben es auch die Jünger Jesu nicht verstanden. Aber dass diese Liebe wachsen kann wie ein Senfkorn, wenn sie erst einmal gesät ist, das war einsichtig. Es genügt ein winziges Samenkorn. Und sie wird wachsen.

So ein Optimist war Jesus. Und das, obwohl schon zu seiner Zeit beileibe nicht alles Liebe und Grießschmarrn war. Und seine Jüngerinnen und Jünger intellektuell nicht die Superstars. Deshalb hat Jesus Zuflucht zum Gleichnis vom Senfkorn genommen, einfach und eindrücklich: Es wächst und wird groß. Wie die Liebe, die Gott uns Menschen zusagt. Und die er immer wieder neu sät.

„Lob den Tag schon vor dem Abend.
Dann empfängst du ihn nicht mit Misstrauen
und Vorsicht, sondern mit dem Lob des
Vertrauens und der Zuversicht,
dann wird er so,
dass du ihn am Abend mit Recht loben kannst.
Dann geschieht es mit dem Tag wie es bei Menschen
oder wenigstens bei Kindern geht:
Sie werden das, wofür man sie hält."

Karl Rahner

Pfingstrosen
mit Charisma

Ich liebe den Duft der Pfingstrosen. Er erinnert mich an den nahenden Sommer, an erste heiße Tage, denen aber oft noch ein kühler Morgen vorausgeht. Wenn ich meine Nase in die dicht gefüllten Blüten stecke und den intensiven Geruch einatme, bin ich ganz da – im Hier und Jetzt.

Im Garten wachsen verschiedene Sorten, von denen einige schon jahrzehntealte Familien-Erbstücke sind. Von meiner Oma in Schmirn stammen die rosafarbenen mit den spitzen Blättern: Sie sind gebirgstauglich und robust, denn wer auf 1500 Metern aufwächst und auch noch blüht, hat eine starke Widerstandskraft. Daneben stehen jene von Tante Nanni aus Innsbruck: Sie blühen ein bisschen früher und haben weichere Blätter. In den föhnigen Niederungen des Inntals können sie sich das leisten.

So verbinden mich die Pfingstrosen mit beiden, obwohl sie schon lange verstorben sind.

Neu im Garten ist eine chinesische Strauch-Pfingstrose: Sie verholzt und bleibt im Winter stehen, während ihre einheimischen Kolleginnen ja im Herbst von der Bildfläche verschwinden. Ihre Blüten faszinieren mich, weil sie zart wie Seidenpapier aussehen und riesig sind. Aber sie fremdelt noch und ich mit ihr: Ich muss ihre Sprache erst lernen. Die ersten beiden Blüten waren wunderschön, aber rasch verwelkt.

Die Pfingstrosen verdanken ihren Namen einem großen Fest zu ihrer Blütezeit: 50 Tage nach Ostern ist Pfingsten. Es kommt von „Pentekoste", das heißt im Griechischen 50. Pfingsten ist das Fest des Heiligen Geistes, der den ängstlichen Jüngern von Jesus versprochen wird als Unterstützer, Beistand, Begleiter.

„Als der Tag des Pfingstfestes gekommen war, waren alle zusammen am selben Ort. Da kam plötzlich vom Himmel her ein Brausen, wie wenn ein heftiger Sturm daherfährt, und erfüllte das ganze Haus, in dem sie saßen. Und es erschienen ihnen Zungen wie von Feuer, die sich verteilten; auf jeden von ihnen ließ sich eine nieder. Und alle wurden vom Heiligen Geist erfüllt und begannen, in anderen Sprachen zu reden, wie es der Geist ihnen eingab." (Apg 2,1–4)

Auf vielen Bildern ist der Heilige Geist in diesen Feuerzungen dargestellt, die sich auf den Köpfen niederlassen. Auf anderen symbolisiert ihn eine weiße Taube. Und auf manchen findet man drei Gestalten: zwei Männer und in ihrer Mitte eine Frau. Gott Vater, Gott Sohn und die „Ruach", die Heilige Geistin. Denn im Hebräischen ist sie weiblich. Zu ihr passt auch die duftende und leuchtende Pfingstrose.

Uns allen ist dieser Geist versprochen – die nach außen wirkende Kraft Gottes. Ein Beistand in allen Lebenslagen und für alle Fälle.

„Hilf, Heiliger Geist!" ist mein wichtigstes Stoßgebet in kritischen Situationen.

Wenn ein Gespräch zu entgleisen droht. Vor großen Versammlungen. Am Krankenbett, wenn mir die Worte fehlen: „Hilf, Heiliger Geist! Gib mir das rechte Wort zur rechten Zeit."

Wenn schwierige Entscheidungen anstehen. Oder Konflikte in der Luft liegen. Wenn ein guter Rat gefragt ist: „Hilf, Heiliger Geist!"

Oder am Grab eines lieben Menschen, wenn weit und breit kein Trost in Sicht ist: „Hilf, Heiliger Geist!"

Dieser Beistand ist uns allen zugesagt. Er begleitet uns, wie der Duft die Pfingstrosenblüte begleitet. Unsichtbar, aber intensiv und wirkungsvoll.

ZUR MEDITATION

„Komm herab, o Heil'ger Geist,
der die finst're Nacht zerreißt,
strahle Licht in unsere Welt."

Aus dem Pfingsthymnus

Rosen mit Duft und Dornen

Es war im Kloster San Benedetto bei Subiaco. Der Führer zeigte uns voller Ehrfurcht den kleinen Garten an der Felsmauer, wo sich der heilige Benedikt in den Dornen wälzte, um gegen seine Plagen und Versuchungen zu kämpfen. Mein erster Gedanke, der mir spontan über die Lippen kam: „Oje, die armen Rosen!"

Der Führer, die Gruppe und mein Chef, der Bischof, waren irritiert.

Aber bei allem Respekt vor dem heiligen Benedikt denke ich, dass sowohl die Rosen als auch unser Körper ein Geschenk der Schöpfung sind und deshalb nicht misshandelt werden sollten, sondern einen achtsamen Umgang verdienen.

Da halte ich es lieber mit der heiligen Teresa von Ávila, die sagt: „Tu deinem Leib Gutes, damit die Seele Lust hat, darin zu wohnen." Und die heilige Hildegard von Bingen formuliert es so: „Pflege das Leben, wo du es triffst."

Beide waren natürlich wie der heilige Benedikt auch Kinder ihrer jeweiligen Zeit. Und damals waren diverse „Bußübungen" ohne Rücksicht auf körperliche Leiden gang und gäbe.

Ansonsten gefällt mir die benediktinische Ordensregel sehr gut: Ora et labora. Bete und arbeite. Damit hat Benedikt eine Balance geschaffen zwischen notwendiger Arbeit und Verbindung nach „oben" – eine stabile Verbindung zwischen Himmel und Erde, die auch heute noch trägt. Und ein ideales Motto für Gärtnerinnen und Gärtner.

Während Benedikt also eher die Dornen an den Rosen schätzte, ist es bei mir umgekehrt. Eine wunderschöne Sorte mit dunkelroten Blüten hat mich durch ihren Duft verführt: Vorher gab es keine Rosen in unserem Garten. Bei meinem Besuch in einer Gärtnerei wurde gerade eine neue Rosen-Lieferung aus einem LKW entladen. Im Vorbeigehen schnupperte ich an dieser Blüte – und es war um mich geschehen. Ich kaufte sie auf der Stelle und pflanzte sie direkt an den Weg: Kein idealer Standort für die Rose, aber ideal für mich! So kann ich im Vorbeigehen kurz stehen bleiben und an den Blüten riechen: Pflege das Leben, wo du es triffst.

Ich habe mir vorgenommen, möglichst nie achtlos vorbeizugehen, sondern ein paar Sekunden innezuhalten und das Geschenk des Rosenduftes zu genießen: einen Augenblick der bewussten Aufmerksamkeit für das Leben, die Schönheit und die Freude, die am Wegesrand wächst.

Meistens vermischt sich der Duft der Rose mit einem Gefühl tiefer Dankbarkeit.

ZUR MEDITATION

„Pflege das Leben,
wo du es triffst."

Hildegard von Bingen

Die Brennnessel
und ihre Fragen

Neulich machte ich eine schmerzhafte Entdeckung: Mitten in der Weigelia hat sich eine Brennnessel ausgebreitet. Ich habe sie erst bemerkt, als ich im Vorbeigehen plötzlich einen scharfen Stich am Knöchel spürte: Keine Biene, keine Wespe – eine Brennnessel! In solchen Situationen kommt es vor, dass ich leise vor mich hin schimpfe: Brennnessel, was fällt dir ein? Was machst du da mitten im Garten?

Aber die Brennnessel antwortet nicht. Und das ist beruhigend.

Zumindest, wenn es nach dem Cartoon geht, der in der Corona-Krise im Internet die Runde machte: Ein Psychiater erklärt, dass es in der Quarantäne völlig normal sei, mit den Blumen zu sprechen. „Bitte kontaktieren Sie uns erst, wenn die Blumen antworten."

Weder Brennnessel noch Blumen antworten, auch wenn ich die Schönheit der ersten Blütenknospen an den Rosen lobe oder den Duft des Geißblattes.

Bisher haben auch die Blattläuse nicht auf meine unfreundlichen Kommentare geantwortet, während ich sie mit einem Mix aus Schmierseifenwasser und Sonnenblumenöl besprühe. Gut so.

Aber jetzt zur Brennnessel: Mitten im Garten kann sie nicht bleiben, das ist klar. Ich entferne sie – geschützt durch dicke Gartenhandschuhe. Als Kinder haben wir probiert, wer sie am Stiel anfassen und ausreißen kann, ohne sich zu brennen. Solche Mutproben lasse ich heute lieber bleiben. Denn es tut dann zwei Tage lang weh. Und ob das wirklich gegen Rheuma schützt, wie man uns immer tröstend versichert hat, bezweifle ich sehr.

Dafür setze ich eine Brennnessel-Jauche an, dann ist sie auch noch für etwas nützlich.

Hinter dem Haus gibt es eine Stelle, da dürfen die Brennnesseln ungestört wachsen. Das schaut zwar nicht schön aus, aber die Schmetterlingsraupen brauchen auch ihre Nahrungsquelle. Deshalb beobachte ich sie dort eher mit Gelassenheit.

Bei der Brennnessel ist es einfach:

Wo muss sie raus? Wo darf sie bleiben?

Bei anderen Entscheidungen ist das oft viel schwieriger – vor allem, wenn es um die wichtigen Weichenstellungen im Leben geht:

> Welchen Beruf soll ich ergreifen?

> Kann ich die Stelle annehmen?

> Trägt diese Beziehung?

Oder wenn es sich um Konflikte handelt:

> Soll ich mich einmischen?

> Habe ich den Mut, mich zu Wort zu melden, oder verbrenne ich mir nur die Finger?

Oder die großen Herausforderungen, die uns aktuell beschäftigen: der Klimawandel, der Umgang mit Menschen auf der Flucht, soziale Gerechtigkeit, die Schere zwischen Arm und Reich, Nord und Süd.

Brennende Fragen, die oft übermächtig wirken:

> Was kann ich daran schon ändern?

> Wozu soll ich mich in die Nesseln setzen?

Bevor sich lähmende Ohnmacht ausbreitet, denke ich an ein Gebet, das mich schon seit drei Jahrzehnten begleitet und mir in vielen Situationen eine wichtige Orientierungshilfe ist:

„Gott, gib mir den Mut, Dinge zu ändern, die ich ändern kann.

Gib mir die Gelassenheit, Dinge hinzunehmen, die ich nicht ändern kann.

Und gib mir die Weisheit, das eine vom anderen zu unterscheiden."

Im Original steht zuerst die Gelassenheit. Aber das gefällt mir nicht.

Sich nur in Gelassenheit zu üben, während rundherum unsere kleine und große Welt den Bach hinabgeht – das erscheint mir unverantwortlich und feig.

Dann wäre bald der ganze Garten nur noch ein Brennnessel-Eldorado.

Einen kleinen Beitrag können wir zu fast allen Fragen leisten. Das nehme ich mir zumindest vor.

Dann bleiben noch jene Situationen im Leben, wo meine Handlungsmöglichkeiten wirklich an Grenzen stoßen und gegen Null sinken.

In diesen Fällen kann ich immer noch das Eine tun: Ich entscheide mich für die Gelassenheit.

Und wenn es nicht auf Knopfdruck funktioniert, brauche ich wieder einmal das Gebet.

ZUR MEDITATION

„Gott, gib mir den Mut,

Dinge zu ändern, die ich ändern kann.

Gib mir die Gelassenheit,

Dinge hinzunehmen, die ich nicht ändern kann.

Und gib mir die Weisheit,

das eine vom anderen zu unterscheiden."

Nach Reinhold Niebuhr

Anemonen

~

Die Lilien des Feldes

Frühling am See Genezareth. Am Berg der Seligpreisungen blühen die Anemonen: Leuchtend rot strecken sie ihre Köpfchen aus dem Gras, das unter der steigenden Hitze schon bräunlich wird. Unten schimmert tiefblau der See.

Es ist schon eine Weile her, dass ich diesen Frühling in Israel genossen habe. Aber das Bild der roten Anemonen auf den Wiesen ist noch so lebendig, als ob es gestern gewesen wäre. Immer wenn im Garten eine rote Knospe aufgeht, denke ich daran. Aber auch die blauen mag ich sehr: Sie waren die Lieblingsblumen von Tante Rosmarie. Ihr brachten wir immer einen Strauß Anemonen aus dem Steingarten meiner Kindheit.

Schon in der Bibel ist von den Anemonen die Rede. In der Bergpredigt erwähnt Jesus die „Lilien des Feldes". Damit sind vermutlich alle Feldblumen gemeint – so genau lässt sich das nicht mehr sagen. Aber die Anemonen waren sicher darunter. Jesus nimmt sie zum Vorbild und meint, wir sollten uns nicht zu viele Sorgen machen. Denn wenn Gott schon die Anemonen so prächtig ausstattet, um wie viel mehr kümmert er sich dann um uns Menschen?

Ja, wenn es nur so einfach wäre! Sollen wir die Hände in den Schoß legen und hoffen: Der liebe Gott wird's schon richten?

So ist es sicher nicht gemeint.

Aber uns geht es heute vielleicht ähnlich wie den Menschen damals:

Eher haben wir das Gefühl, alles selber machen und organisieren zu müssen: Ohne Fleiß kein Preis. Ohne Geld koa Musi (keine Musik). Und von nichts kommt nichts. Der Arbeitsplatz ist kostbar. Der Kredit muss zurückgezahlt werden. Die Mietkosten sind hoch. Die Kinder brauchen neue Schuhe. Und die „Work-Life-Balance" ist ein schöner Traum.

So leiden wir unter Hektik und Stress, unter schlaflosen Nächten und bedrückenden Sorgen.

Das rechte Maß an Eigeninitiative, Arbeiten und „Kümmern" und dem notwendigen Gottvertrauen ist sicher nicht leicht zu finden.

Schmal ist der Grat zwischen Überbesorgtheit und schicksalsergebenem Fatalismus.

Der heilige Ignatius von Loyola hat es auf den Punkt gebracht: „Bete so, als hinge alles von Gott ab. Handle, als hinge alles von dir ab."

Daran erinnern mich die Anemonen im Garten, die Lilien des Feldes:

Ich muss nicht alles alleine schaffen. Es gibt da noch jemanden, der mitträgt und sich kümmert. Jemanden, dem ich die Sorgen anvertrauen kann.

Und wie hat es Papst Johannes XXIII. in seinem „Dekalog der Gelassenheit" einmal formuliert?

„Nur für heute werde ich fest glauben – selbst wenn die Umstände das Gegenteil zeigen sollten, dass die gütige Vorsehung sich um mich kümmert, als gäbe es sonst niemanden auf der Welt."

Nur für heute …

Denn so meint schon Jesus: „Sorgt euch also nicht um morgen; denn der morgige Tag wird für sich selbst sorgen. Jeder Tag hat genug an seiner eigenen Plage." (Mt 6,34)

ZUR MEDITATION

„Lernt von den Lilien des Feldes, wie sie wachsen: Sie arbeiten nicht und spinnen nicht. Doch ich sage euch: Selbst Salomo war in all seiner Pracht nicht gekleidet wie eine von ihnen. Wenn aber Gott schon das Gras so kleidet, das heute auf dem Feld steht und morgen in den Ofen geworfen wird, wie viel mehr dann euch, ihr Kleingläubigen! …

Sorgt euch also nicht um morgen; denn der morgige Tag wird für sich selbst sorgen. Jeder Tag hat genug an seiner eigenen Plage."

Mt 6,28–30.34

Die Ribisel und das Geheimnis der Achtsamkeit

Die Ribisel heißt auch Johannisbeere. Das führt manchmal zu kleinen Missverständnissen: Meine Schwester bestellt in einem griechischen Restaurant in Innsbruck Ribisel-Saft. Der Kellner schüttelt bedauernd den Kopf: „Ribisel habe ich leider nicht. Aber ich hätte Johannisbeersaft."

Rot glänzend hängen sie in langen Trauben an der Staude, dass sich die Zweige biegen. Auch die schwarze Sorte hat gut angesetzt und trägt reichlich. Ich freue mich auf die Ernte: Ribisel-Pflücken ist eine sehr meditative Beschäftigung für mich.

Das war nicht immer so: In meiner Kindheit habe ich sie gehasst. Wir hatten 25 Stauden. Es erschien mir wie eine unendliche Ewigkeit, einfach aussichtslos, sie alle zu pflücken. Außerdem gab es dort viele Spinnen. Und Wespen in einem Erdloch, die meinen Bruder und mich verfolgten und mit ihren Stichen vertrieben, als wir das Gras an der Böschung mähen wollten.

So blieben die Ribiseln meiner Mutter, und wir kümmerten uns lieber um die Erdbeeren.

Heute habe ich die Stauden auf eine übersichtliche Zahl reduziert.

Und freue mich jedes Jahr, sie zu ernten.

Vor vielen Jahren war im Bildungshaus, das ich damals leitete, der Benediktiner-Mönch und Zen-Meister Pater Willigis Jäger für ein Kontemplations-Seminar zu Gast: Zum Seminarprogramm gehörte eine Stunde Mitarbeit im Haus pro Tag für alle Teilnehmerinnen und Teilnehmer. Das fand ich sehr praktisch. Aber es ging nicht darum, eine bestimmte Tätigkeit möglichst schnell und gut zu erledigen. Ziel war es, diese Stunde des Tages bewusst mit Arbeit zu verbringen und ihr alle Aufmerksamkeit zu widmen. Mit voller Konzentration. Achtsam. Als ob es nichts Wichtigeres gäbe, als das schmiedeeiserne Stiegengeländer abzustauben, die Kartoffeln zu schälen oder die WCs zu putzen.

Ich habe es beim Ribisel-Pflücken ausprobiert: Es entschleunigt ungemein. Es bringt einen ins Hier und Jetzt. Es liegt eine große Ruhe, Kraft und Freude in jeder Tätigkeit, sei sie noch so banal.

Sonst bin ich eher für effizientes Arbeiten im Sinn von Aufgaben erledigen, Ziele erreichen, Probleme lösen. Und das in möglichst kurzer Zeit. Zeit ist Geld. Und der nächste Termin wartet schon.

Deshalb ist dieser kontemplative Stil der Arbeit eine große Herausforderung für mich. Aber ich habe ihn schätzen gelernt als Unterbrechung gerade in stressigen

Zeiten. Er bringt mich zurück in die Mitte, wenn ich außer mir bin und nicht mehr weiß, wo mir der Kopf steht.

Der Garten ist ein ideales Übungsfeld dafür:

> das Ribisel-Ernten bewusst genießen und nicht ständig auf die Uhr schielen

> den Amseln zuhören und dem Summen der Bienen

> die Sonne spüren, den Wind genießen und sich über den Regen freuen (Denn wenn wir uns nicht freuen, regnet es auch – frei nach Karl Valentin)

> sich ins Jäten vertiefen

> barfuß im Gras gehen, auf dem Kies, in der weichen Gartenerde und den Boden unter den Füßen spüren

> ganz präsent sein, ganz da

Das alles gelingt mir nur sehr begrenzt.

Aber ich bin dabei, das Geheimnis der Achtsamkeit zu entdecken.

Meister Eckehart, ein christlicher Mystiker, hat es um 1300 so formuliert:

„Die wichtigste Stunde ist immer die Gegenwart,

der bedeutendste Mensch ist immer der, der dir gerade gegenübersteht,

das notwendigste Werk ist stets die Liebe."

Ein Mönch wird gefragt:

„Was ist das Geheimnis der Achtsamkeit?"

Er antwortet:

„Wenn ich sitze, sitze ich.

Wenn ich stehe, stehe ich.

Wenn ich gehe, gehe ich."

Die anderen meinen: „Aber das tun wir doch auch!"

Der Mönch antwortet:

„Wenn ihr sitzt, dann steht ihr schon.

Wenn ihr steht, dann geht ihr schon.

Wenn ihr geht, dann seid ihr schon am Ziel."

Die Sonnenblumen und ihr Lied

Ich liebe Sonnenblumen. Sie bringen etwas Strahlendes und Leuchtendes in den Garten und ins Haus. Auch Allergiker müssen keinen Bogen mehr um sie machen, seit es pollenfreie Varianten gibt.

Vor einigen Jahren habe ich zwei Sorten gesät: eine großblütige in sattem Gelb mit einem starken Stiel, an die zwei Meter hoch. Und eine verzweigt blühende in Dunkelrot. Als sie gerade aufgeblüht waren, kam ein starkes Gewitter mit heftigen Windböen und intensivem Regen. Die Folgen waren fatal: Nur die großen Gelben haben es überlebt. Die Roten lagen alle geknickt am Boden, ein Trauerspiel. Trotzdem ließen sich einige nicht vom Weiterblühen abhalten – jetzt halt eher waagrecht. Und so passierte es: Die beiden Sorten kreuzten sich. Letztes Jahr gingen jede Menge Sonnenblumen auf mit verzweigten rot-goldenen Blüten und kräftigem Stängel. Sie überstanden alle Stürme und blühten den ganzen Sommer bis in den Herbst hinein, dass es eine Freude war. Ein Fest für Bienen, Hummeln und andere Insekten. Und für die Vögel im Winter reichlich Futter. Ich bin schon neugierig, welche Überraschung heuer herauskommt.

Sonnenblumen sind zu allen Tageszeiten etwas Besonderes: in der Morgensonne mit Tautropfen, zu Mittag, wenn sie ihre Köpfe Richtung Süden drehen, oder in der untergehenden Abendsonne, wenn die Farben noch satter werden.

Dann summe ich manchmal leise den „Sonnengesang" vor mich hin: Laudato si', o mi Signore … In Italienisch klingt es besser als in Deutsch: Gelobt seist du, mein Herr. Der heilige Franz von Assisi hat den „Sonnengesang" im Winter 1224/25 in San Damiano bei Assisi gedichtet, wo seine Gefährtin Klara mit ihren ersten Klarissen lebte. Franz war schon schwer krank. 1226 starb er. Im „Sonnengesang" preist er die Schönheit der Schöpfung und dankt Gott dafür. Die Strophe, die er der Sonne widmet, passt perfekt zu den Sonnenblumen. Auch wenn er vom „Bruder Sonne" spricht, weil die Sonne im Italienischen ja männlich ist: Die Sonne schenkt uns den Tag. Und Gott leuchtet uns durch sie, strahlend und mit großem Glanz.

Jede Sonnenblumen-Blüte ist ein Sinnbild dafür. Und erfüllt mich mit großer Dankbarkeit für so viel Schönheit, die mehr oder weniger gratis vor meiner Haustür wächst und blüht. Gratis, nicht umsonst. Denn in „gratis" (gratia) steckt das „unverdiente Geschenk". Wer denkt, dankt.

Laudato si' …

ZUR MEDITATION

„Gelobt seist du, mein Herr,
mit allen deinen Geschöpfen,
besonders dem Herrn Bruder Sonne,
der uns den Tag schenkt und
durch den du uns leuchtest.
Und schön ist er und
strahlend mit großem Glanz:
von dir, Höchster, ein Sinnbild."

Aus dem Sonnengesang
des heiligen Franz von Assisi

Die Kugeldistel

~

Stachelige Gefühle

Wenn die Kugeldisteln aufblühen, hat der Sommer seinen Zenit schon überschritten. Am liebsten mag ich sie in Gesellschaft der Herbst-Anemonen: Das satte Blau der Disteln und das zarte Hellrosa der Anemonen lassen beide vorteilhaft zur Geltung kommen, und die stacheligen Distelköpfe bilden einen erfrischenden Kontrast zu den luftig-leichten Anemonenblüten. Bevor die Disteln aber ihre volle Pracht entfalten können und Bienen und Schmetterlinge in Fülle anlocken, machen sie einen langen Weg der Verwandlung durch: Ihre rauen gezackten Blätter kommen im Frühling in Büscheln aus dem Boden und verdrängen leicht weniger wuchsstarke Pflanzen. In dieser Zeit sind sie bei Läusen sehr begehrt: Heuer waren sie dick befallen von einer schwarzen Sorte. Da freuen sich die Marienkäfer, aber ich nicht unbedingt: Denn die Buschbohnen im Nachbarbeet blieben nicht lange verschont vor der Laus-Invasion, die bald auf die jungen Bohnen übersiedelte und ihnen das Leben schwer machte.

Trotz dieses jährlich wiederkehrenden Läuse-Spektakels möchte ich die Kugeldisteln im Garten nicht missen:

Ihre Verwandlung fasziniert mich jedes Jahr aufs Neue. Aus einem stacheligen grünen Kopf mit harten Spitzen, die ganz schön stechen können, wird eine strahlend blaue Kugel voller zarter Blüten.

Solange sie geschlossen sind, kommt man ihnen besser nicht zu nahe. Da erinnern sie mich an so manches Stachelige im Leben: an Kränkungen und Verletzungen, an Zorn und Wut, an Eifersucht und Neid, auch an Schuld und Versagen. Lauter unangenehme Dinge, die wie die Läuse auf den Disteln zum Leben gehören. Unvermeidlich. Denn wenn alles an uns perfekt wäre, wären wir nicht mehr lebendig.

Während ich die Disteln betrachte, fällt mir die Bitte aus dem Vaterunser ein: „Vergib uns unsere Schuld, wie auch wir vergeben unseren Schuldigern."

Ein stacheliges Wort: Schuld. Ich bin nicht gerne schuld an etwas.

Aber trotz aller Bemühungen passiert es immer wieder – meistens unbeabsichtigt, wenn ich darüber nachdenke:

> Wen habe ich in letzter Zeit gekränkt?
> Wo habe ich mich (mit-)schuldig gemacht?
> Wen sollte ich um Verzeihung bitten?

Es sind oft die kleinen Dinge im Alltag und nicht die großen Strafprozesse.

Aber das Vaterunser beginnt bei uns selber: bei meiner Schuld und der Bitte um Vergebung dafür.

Das ist psychologisch klug. Denn wenn ich meine eigenen dunklen Seiten anschauen kann, verfalle ich nicht so leicht in den Sündenbock-Mechanismus: Die anderen sind schuld. Die anderen sind die Bösen. Ich bin nur das arme Opfer.

Ich stelle mich meinen eigenen spitzen und stacheligen Seiten und bitte um Vergebung und Verzeihung. So werden sie „entschärft": Ich bleibe nicht verbittert und verschlossen darin stecken. Sie werden verwandelt. Und etwas Neues kann aufblühen – wie bei der Kugeldistel.

Dann wird der zweite Teil möglich: „wie auch wir vergeben unseren Schuldigern".

Das ist mindestens so schwierig, wie um Vergebung und Verzeihung für sich selber zu bitten.

> Wer hat mir in letzter Zeit Unrecht getan?
> Von wem fühle ich mich verraten und verkauft?
> Wer hat mich verletzt?

Wieder sehr stachelige Gefühle. Keine Lust auf Entschärfung. Es sticht und bohrt wie der grüne Distelkopf. Aber auch hier braucht es Verwandlung, wenn nicht Bitterkeit das Leben vergiften soll. Leider lässt sich das nicht einfach befehlen und auf Zuruf machen, so wie man einen Schalter umlegt. Es ist Schwerarbeit. Und manchmal auch einfach ein Geschenk: ein Geschenk, das man sich selber und anderen machen kann; ein Geschenk, das auch angenommen sein will.

Da ist Hilfe willkommen.

Vielleicht ist deshalb diese Bitte in das Vaterunser ge-kommen:

Zuerst bittet Jesus um das tägliche Brot für heute. Und unmittelbar danach um die Vergebung: „Vergib uns un-sere Schuld, wie auch wir vergeben unseren Schuldi-gern." Vergeben ist so wichtig wie das tägliche Brot. Ver-gebung für uns selber und Vergebung für jene, die uns etwas schulden.

Dann blüht das Leben auf.

ZUR MEDITATION

„Vergib uns unsere Schuld,
wie auch wir vergeben unseren Schuldigern."

Aus dem Vaterunser

Himbeeren im Herbst

Das Herbstglück kommt in Form einer gleichnamigen Himbeersorte – in Englisch verspricht sie sogar Glückseligkeit oder spirituelle Ekstase.

Davon habe ich noch nichts bemerkt. Aber ein Genuss ist es allemal, am späten Abend nach der Arbeit im herbstlich-kühlen Garten eine Handvoll Himbeeren zu pflücken und gleich erntefrisch zu vernaschen. Wenn es gegen Ende Oktober kalt wird und die strahlenden Herbsttage von nebelig-nassem Wetter abgelöst werden, reifen sie immer noch. Nicht mehr so üppig wie im August und September, aber verlässlich und ausdauernd. Manchmal hat ein früher Schneefall die Ruten schon zu Boden gedrückt, aber meine Sorge ist unbegründet: Sie tragen weiter köstliche Früchte, oft bis in den November hinein. Erst wenn die starken Fröste kommen, geben sie auf. Da hole ich dann noch die letzten Himbeeren – geeist.

Diese herbstliche Ernte genieße ich sehr. Die vollreifen Früchte haben ein herrliches Aroma und lassen sich auch leicht pflücken. Hängen sie noch fest, brauchen sie noch ein paar Tage, auch wenn sie schon schön gefärbt sind.

Hin und wieder habe ich eine übersehen, dann fällt sie bei der leisesten Berührung überreif zu Boden. Ganz selten ist eine faul oder tierisch bewohnt: Versehentlich habe ich einmal in der Dämmerung in einen Käfer im Himbeermantel gebissen – pfui, pfui, pfui.

Seither schaue ich genauer hin. Und so manche Köstlichkeit entdecke ich erst, wenn ich die Stauden umrunde und von der anderen Seite alles absuche. Im herbstlichen Gegenlicht der tiefstehenden Sonne entgeht mir sonst leicht etwas. Der Perspektivenwechsel hilft. Und macht auch die verborgenen Schätze sichtbar. (Oder eben auch die Käfer und faulen Stellen.)

So drehe ich an Herbstabenden meine Runde um die Himbeerstauden.

Und nütze sie zugleich für einen Tagesrückblick der ganz anderen Art:

> Welche Früchte hat mir dieser Tag geschenkt?

> Was konnte ich heute ernten?

> Was ist noch nicht reif und braucht mehr Zeit?

> Wo habe ich etwas übersehen?

> Was war nicht so ideal heute?

> Wo hilft vielleicht ein Perspektivenwechsel?

So mancher Ärger wird durch das Himbeeraroma versüßt.

Und wenn mir an diesem Tag gar zu viel faul vorkommt oder sauer aufstößt, denke ich an den heiligen Ignatius von Loyola. Er hat jeden Abend seinen Tagesrückblick gemacht und dafür den Blick der „liebevollen Aufmerksamkeit" empfohlen: eine sehr aufmerksame nüchterne Sicht auf die Dinge, aber keine überkritische Selbstzerfleischung, sondern eine liebevolle Aufmerksamkeit, so wie Gott auf uns schaut.

Ignatius hat diesen abendlichen Rückblick seine wichtigste Zeit des Tages genannt. Weil sie ihm geholfen hat zu reifen. Im Umgang mit sich selbst und seinen Mitmenschen.

Es steht nichts von Himbeeren in seinem Lebensbericht. Aber ich bin sicher, er hätte sie auch genossen. Verbunden mit dem Dank für diesen Tag.

Und der Hoffnung auf den nächsten, der wieder einen neuen Anfang bringt.

ZUR MEDITATION

TAGESRÜCKBLICK

Still werden.

Meinen Atem spüren.

Mich in Gottes Gegenwart stellen.

Gott um den Blick der liebevollen

Aufmerksamkeit bitten.

Auf den Tag schauen.

Was ist mir heute geschenkt worden?

Was ist mir zugemutet worden?

Wo habe ich etwas verbockt?

Um Vergebung und Heilung bitten.

Auf den nächsten Tag schauen und Gott um Hilfe bitten.

Gott danken.

Nach Ignatius von Loyola

Dahlien

~

Es blüht hinter uns her

Ende Oktober schneide ich die Dahlien ab und grabe sie aus. Idealerweise hat es schon Frost gegeben. Die letzten Blüten sind erfroren und bieten auf ihren matschigen Stängeln einen traurigen Anblick. Aber sie haben schon etwas von ihrer Kraft in die Wurzeln zurückziehen können, und so fällt das Umschneiden leichter.

In den letzten Jahren war das nicht mehr der Fall: Die Dahlien blühten im späten Herbstlicht unverdrossen in leuchtendem Gelb und strahlendem Rot. Schweren Herzens musste ich sie dennoch abschneiden und ausgraben, denn wenn es richtig friert, ist es zu spät: Einen kalten Tiroler Winter in gefrorener Erde überleben sie nicht. So sammle ich die Blüten in bunten Sträußen aller Größen und fülle die Vasen im Haus und manchmal auch jene der Nachbarschaft. Denn auf den Kompost will ich keine einzige werfen.

Das Ausgraben der schweren Wurzelknollen ist harte Arbeit. Aber in zweieinhalb Stunden ist es geschafft. Nach ein paar Tagen zum Abtrocknen an einem geschützten Ort kommen die Dahlien in den Keller zur Winterruhe. Dort lagern sie neben den Kartoffeln, was vor einigen Jahren beinahe zu einer gravierenden Verwechslung geführt hätte. Die Pflegehilfe unserer schwerkranken Mutter fragte am Abend: „Was ist denn das für eine seltsame Kartoffelsorte im Keller?" Zum Glück hat sie sie nicht gekocht.

Während ich die 25 Dahlienknollen eine nach der anderen ausgrabe, geht mir die Zeile aus einem Gedicht von Hilde Domin durch den Kopf: „Fürchte dich nicht, es blüht hinter uns her."

Die gelben Pompon-Dahlien sind über 50 Jahre alt. Schon meine Mutter hat sie gepflanzt und gepflegt. Vieles fällt mir ein, was ihr auch sonst im Leben wichtig war. Danke, Mama, es blühen nicht nur die Dahlien hinter dir her!

Unweigerlich denke ich auch an das vergangene halbe Jahr zurück, seit ich die Dahlien eingepflanzt habe:

> Was hat sich alles ereignet in dieser Zeit?

Ich erinnere mich an Erfolge und Tiefschläge, an Highlights und Enttäuschungen, den wunderschönen Sommer und an Menschen in meinem Umfeld, die in den letzten Monaten gestorben sind: Fürchtet euch nicht, es blüht hinter euch her!

Dann geht meine Gedankenreise in die Zukunft:

> Was wird sein, wenn ich die Dahlien im nächsten Frühling wieder einpflanze? Kann ich es wieder machen?

> Oder geht es mir auch wie einem lieben Kollegen, der wie aus heiterem Himmel mit einer schweren Krebs-Diagnose konfrontiert ist?

> Was würde dann vielleicht hinter mir her blühen?

Eine junge Nachbarin kommt am Gartenzaun vorbei. Ich frage sie, ob sie ein paar Dahlien brauchen kann. Einige sind so groß geworden, dass ich sie gut teilen kann. Sie nimmt sie freudig mit. Und ich weiß sie bei ihr in guten Händen.

ZUR MEDITATION

„Fürchte dich nicht,
es blüht hinter uns her."

Hilde Domin

Krokusse

~

Zeichen der Hoffnung setzen

Jeden Herbst pflanze ich Krokusse: Es ist ein liebgewordenes Ritual, eine herbstliche Übung, eine Vorbereitung auf den Winter.

Ich lege die kleinen, unscheinbaren, trockenen Knöllchen in den kalten Herbstboden. Oft mit klammen Fingern, aber immer voller Hoffnung: dass sie die Kälte, den Frost und den Winter überstehen. Dass sie mit ihren leuchtend gelben, violetten und weißen Blüten die ersten Farbtupfer in den Vorfrühling bringen und damit den Winter abkürzen. Ich setze große Hoffnungen in sie. Und ich setze sie als Zeichen der Hoffnung:

> Hoffnung überwintert.
> Sie übersteht Frost und Kälte.
> Sie lebt, auch wenn die Welt erstarrt.
> Hoffnung kann man nicht machen.
> Sie ist ein Geschenk.
> Aber ich kann ihr den Boden bereiten.

Ich kann etwas säen, setzen, zum Blühen vorbereiten – wachsen muss es dann von selber. So ist es auch mit der Hoffnung, die ich in ein Projekt, eine Beziehung, in jemanden anderen setze. Ich kann den Boden bereiten.

„Hoffnung ist die vergessene Schwester der Liebe", sagt Tomáš Halík, der tschechische Philosoph und Priester.

Hoffnung ist das Gegenteil von Resignation. Und sie ist eine der drei großen Tugenden: Glaube, Liebe, Hoffnung.

Ich kann sie nicht auf Knopfdruck haben oder gar produzieren.

Aber ich kann sie wecken und üben – die Haltung der Hoffnung.

Sie macht lebendig und tatkräftig.

Mehr als die Haltung der „Unglückspropheten", wie sie Johannes XXIII. nennt: jene, die immer das Unheil voraussagen, als ob die Welt vor dem Untergang stünde. Die notorischen Schwarzmalerinnen und -maler, die alles und jedes zu Tode kritisieren. Nicht jene, die vor realen Gefahren warnen.

Während ich die Krokusse in den Boden lege, fallen mir auch Menschen in meinem Freundeskreis ein, die keine Hoffnung mehr haben: keine Hoffnung auf Genesung, keine Hoffnung auf die Erfüllung eines Kinderwunsches, keine Hoffnung mehr auf einen Arbeitsplatz.

Ein hoffnungsloser Fall?

Nein, es bleibt immer noch Václav Havels Definition von Hoffnung: „Hoffnung ist nicht die Überzeugung, dass etwas gut ausgeht, sondern die Gewissheit, dass etwas Sinn hat, egal wie es ausgeht."

Deshalb pflanze ich im Herbst Krokusse: Es hat Sinn, egal wie es ausgeht.

Weil es mir Hoffnung schenkt.

Und mich daran erinnert, dass ich der Hoffnung immer wieder den Boden bereiten kann.

Noch etwas habe ich im Mai zum ersten Mal entdeckt: die Samen der Krokusse. Sie sind leuchtend rot. So sorgen sie also gleich doppelt vor für das nächste Frühjahr. Wenn das kein Zeichen der Hoffnung ist …

ZUR MEDITATION

„Hoffnung ist die vergessene Schwester der Liebe."

Tomáš Halík

Der Nussbaum

~

Wenn die
Blätter fallen

Rund um Allerheiligen ist es soweit: Der große Nussbaum lässt seine Blätter fallen. Unser Nussbaum ist ein Italiener. Und deshalb lässt er sich viel mehr Zeit im Herbst als der alte einheimische Baum in der Nachbarschaft: Der ist schon Mitte Oktober kahl. Er kennt sich eben besser aus mit dem Tiroler Herbst und weiß um die Tücken früher Schneefälle im Oktober.

Dann zittere ich, ob es die dicht belaubten Äste aushalten. Bisher ist es immer gut gegangen: Sie haben sich unter der Last des Schnees tief gebeugt, sind aber nicht gebrochen.

Wenn dann die ersten frostigen Nächte kommen, rieseln die gelb-braunen Blätter herab: Manche segeln elegant im Wind zu Boden. Andere fallen steif und plump herunter. Und einige verheddern sich in den Ästen oder nehmen andere mit. Der Nussbaum befreit sich von der Last seiner Blätter.

Innerhalb weniger Tage hat er alle losgelassen.

Jetzt ist es Zeit für meine liebste Beschäftigung im herbstlichen Garten:

Laub rechen. Es ist eine sehr meditative Tätigkeit. Zug um Zug befreie ich das Gras von den Blättern. Darunter kommt noch die eine oder andere Walnuss zum Vorschein. Es ist leicht, ganz bei der Sache zu sein. Ganz da, ganz präsent, ganz im Hier und Jetzt.

Außer, es ist Föhn: Dann funktioniert es nicht. Der stürmische Wind bläst die Blätter schneller durch den ganzen Garten, als ich sie einfangen kann. Also nichts mit Laub-Meditation, eher Sisyphos-Arbeit!

Aber sonst lässt es sich wunderbar nachdenken:

> Was will ich loslassen?

> Von welcher Last möchte ich mich befreien?

> Wovon muss ich mich verabschieden?

Die Blätter, die noch vor wenigen Wochen so saftig grün geglänzt haben, sind jetzt braun und trocken. Einige zerbröseln schon, wenn ich sie unter die Buchenhecke lege, damit der Igel sie für sein Winterquartier verwenden kann.

Auf den Kompost kann ich sie nicht geben, denn Walnussblätter bauen sich lange nicht ab. „Komposti" haben wir uns als Kinder zugerufen, wenn jemand etwas gesagt oder getan hat, das uns altmodisch erschienen ist. Ich muss schmunzeln, wenn ich daran denke. Bin ich auch schon ein „Komposti"?

Ernsthafter geht es da schon am Aschermittwoch zur Sache: „Mensch, bedenke, dass du Staub bist und zum Staub zurückkehrst."

Hm! Der Staub gefällt mir nicht. Aber der Gedanke, zur Erde zurückzukehren, schon. Auch wenn das hoffentlich noch Zeit hat.

Was wird einmal sein mit uns? Wohin gehen oder fallen wir?

Der Dichter Rainer Maria Rilke formuliert so schön:

„Und doch ist Einer, welcher dieses Fallen unendlich sanft in seinen Händen hält."

Tief im Inneren teile ich diese Hoffnung.

Da ist einer, der alles zusammenhält und verbindet.

Das Leben und das Sterben.

Die Erde und das All und uns Menschen.

Den Anfang und das Ende.

Je älter ich werde, desto mehr wird aus dieser Hoffnung ein Gefühl des zuversichtlichen Vertrauens: Tiefer können wir nicht fallen als in die Geborgenheit Gottes.

Da ist einer, bei dem wir gut aufgehoben sind.

ZUR MEDITATION

„Und doch ist Einer,
welcher dieses Fallen unendlich sanft
in seinen Händen hält."
Rainer Maria Rilke

Christrosen

~

Blühen in
winterlicher Zeit

Wenn sich der Garten in den Winterschlaf legt, die Nächte lang werden und die Temperaturen unter den Gefrierpunkt sinken, wird es Zeit für die Christrosen.

Ich kaufe sie in der Gärtnerei und pflanze sie in eine Schale vor der Haustür und einen Blumentrog am Küchenfenster: So sehe ich sie jeden Tag, auch wenn ich im Dunkeln aus dem Haus zur Arbeit gehe und erst am Abend wieder heimkomme. Die Christrosen können die Farbenfülle der Geranien nicht ersetzen, die sonst hier ihren Platz haben. Aber die zarten, porzellanweißen Blüten im kräftig dunkelgrünen Laub bieten mehr: Sie haben eine Botschaft.

Sie zeigen mir, wie es geht, in winterlicher Zeit zu blühen.

Christrosen sind Frostkeimer. Das heißt, dass ihre Samen die Kälte brauchen, um überhaupt zu keimen. Nicht unbedingt die Gefriertruhe, aber Kühlschrank-Temperaturen. Sie sind also auf Kälte geeicht: Sie leben mit und in und durch die Kälte. Sie akzeptieren die winterlichen Bedingungen und überwinden sie zugleich. Und entfalten so in der dunkelsten Jahreszeit ihre Blütensterne.

Was sie trotzdem brauchen, ist Wasser. Früher dachte ich nach wochenlangem Frost, sie seien doch erfroren. Aber inzwischen weiß ich: Ich muss sie einmal in der Woche gießen, sonst vertrocknen sie. Und das scheinbar Unmögliche wird möglich: Blühen in winterlicher Zeit.

Zu Weihnachten schmücke ich die Christrose mit Tannenzweigen – wie auch die Krippe im Haus.

Dann enthüllt die Christrose das Geheimnis ihres Namens und wird zur Trägerin der Weihnachtsbotschaft: Gott wird Mensch.

Es geht ein Stern der Hoffnung auf. Die Rettung kommt in dunkelster Zeit und hat Hand und Fuß. Sein Name ist Immanuel, das bedeutet: Gott mit uns. Oder auch Jesus: Gott hilft, Gott rettet. Und in der Christrose steckt auch der Name Christus – der Gesalbte, der Messias.

Das Unmögliche wird möglich. Das Undenkbare denkbar: Gott wird Mensch.

Und erfüllt neu die Verheißung, die er schon Mose in der Wüste gegeben hat – und mit ihm uns Menschen über alle Zeiten hinweg:

Ich bin Jahwe, der Ich-bin-da.
Ich bin der, der mit euch sein wird.
Ich bin der, der mit euch geht.

„Es ist ein Ros' entsprungen
aus einer Wurzel zart,
wie uns die Alten sungen,
von Jesse kam die Art
und hat ein Blümlein bracht
mitten im kalten Winter,
wohl zu der halben Nacht.

Das Blümlein, das ich meine,
davon Jesaja sagt,
hat uns gebracht alleine
Marie, die reine Magd.
Aus Gottes ewigem Rat
hat sie ein Kind geboren,
welches uns selig macht.

Das Blümelein so kleine,
das duftet uns so süß;
mit seinem hellen Scheine
vertreibt's die Finsternis.
Wahr' Mensch und wahrer Gott,
hilft uns aus allem Leide,
rettet von Sünd und Tod."

VERWENDETE LITERATUR

Die Bibelstellen sind entnommen aus der Einheitsübersetzung der Heiligen Schrift, vollständig durchgesehene und überarbeitete Ausgabe © 2016 Katholische Bibelanstalt GmbH, Stuttgart. Alle Rechte vorbehalten.

Dekalog der Gelassenheit, Papst Johannes XXIII. (1881–1963) zugeschrieben.

Domin, Hilde, Hier. Gedichte, S. Fischer Verlag GmbH, Frankfurt am Main 1995, 20. Auflage 2004, S. 58.

Es ist ein Ros entsprungen, Text: Str. 1 und 3 – Trier 1587/1588, Gotteslob. Katholisches Gebet- und Gesangbuch, Ausgabe für die (Erz-)Diözesen Österreichs Nr. 243; Str. 2 – Friedrich Layritz 1844, Evangelisches Gesangbuch, Ausgabe der Evangelischen Kirche in Österreich, Nr. 30.

Franziskus, Laudato si', Enzyklika über die Sorge für das gemeinsame Haus (24.05.2015), hg. vom Sekretariat der Deutschen Bischofskonferenz, Bonn 2015.

Halík, Tomáš, Nicht ohne Hoffnung. Glaube im postoptimistischen Zeitalter, Verlag Herder, Freiburg im Breisgau 2014.

Herbstrith, Waltraud, Teresa von Avila. Lebensweg und Botschaft, Verlag Neue Stadt, München 2007.

Ignatius von Loyola, Geistliche Übungen, Verlag Herder, Freiburg im Breisgau 1967.

Klammer, Ursula, Hildegard von Bingen, Lahn-Verlag, Kevelaer 2008, S. 6.

Pfingsthymnus „Veni Sancte Spiritus", „Komm herab, o Heil'ger Geist", Stephan Langton um 1200, übersetzt von Maria-Luise Thurmair und Markus Jenny 1971.

Prinz, Alois, Teresa von Avila, Die Biographie, Insel Verlag, Berlin 2014.

Rahner, Karl, Von der Kraft, täglich neu zu beginnen, hg. von Andreas Batlogg und Peter Suchla, Matthias-Grünewald-Verlag, Ostfildern 2020, S. 38. Wir danken der Deutschen Provinz der Jesuiten für die freundliche Abdruckgenehmigung.

Rilke, Rainer Maria, Die Gedichte, Insel-Verlag, Frankfurt am Main und Leipzig 1986, 9. Auflage 2020, S. 346.

Sonnengesang des heiligen Franz von Assisi, Bilder von Wulf Ligges, Texte von Leonhard Lehmann und Bernhard Praxmarer, Tyrolia-Verlag, Innsbruck 1984.

© 2016 Diözese Innsbruck, Vanessa Rachle

ELISABETH RATHGEB, geb. 1966, hat in Innsbruck Theologie und Geschichte studiert. Die Religionslehrerin und Pastoralassistentin führte von 1996 bis 2004 das Bildungshaus St. Michael in Matrei am Brenner und war anschließend fünfzehn Jahre lang Seelsorgeamtsleiterin der Diözese Innsbruck. Seit September 2020 ist sie stellvertretende Caritas-Direktorin der Diözese Innsbruck. Die Autorin verfasst seit vielen Jahren Kurzbeiträge für die ORF-Morgengedanken und schreibt regelmäßig Kolumnen zum Sonntagsevangelium in der Tiroler Tageszeitung.

Nachhaltige Produktion ist uns ein Anliegen; wir möchten die Belastung unserer Mitwelt so gering wie möglich halten. Über unsere Druckereien garantieren wir ein hohes Maß an Umweltverträglichkeit: Wir lassen ausschließlich auf FSC®-Papieren aus verantwortungsvollen Quellen drucken, verwenden Farben auf Pflanzenölbasis und Klebestoffe ohne Lösungsmittel. Wir produzieren in Österreich und im nahen europäischen Ausland, auf Produktionen in Fernost verzichten wir ganz.

Mitglied der Verlagsgruppe „engagement"

2021
© Verlagsanstalt Tyrolia, Innsbruck
Umschlag und digitale Gestaltung: Manuela Weiß, unter Verwendung
von Fotos von shutterstock.com und freepik.com
Fotos: S. 5–7, 12, 24, 44, 48, 56, 66, 70, 76, 80, 90, 94 – © Elisabeth Rathgeb; S. 16, 20, 28, 32, 40, 52, 60, 86, 102 – © shutterstock; S. 36, 98 – © depositphoto
Druck und Bindung: DZS-Grafik, Ljubljana
Lithografie: Artilitho, Lavis
ISBN 978-3-7022-3925-1
E-Mail: buchverlag@tyrolia.at
Internet: www.tyrolia-verlag.at